तारीख
बदलते लम्हे...

आयुष द्विवेदी

Copyright © Ayush Dwivedi
All Rights Reserved.

This book has been published with all efforts taken to make the material error-free after the consent of the author. However, the author and the publisher do not assume and hereby disclaim any liability to any party for any loss, damage, or disruption caused by errors or omissions, whether such errors or omissions result from negligence, accident, or any other cause.

While every effort has been made to avoid any mistake or omission, this publication is being sold on the condition and understanding that neither the author nor the publishers or printers would be liable in any manner to any person by reason of any mistake or omission in this publication or for any action taken or omitted to be taken or advice rendered or accepted on the basis of this work. For any defect in printing or binding the publishers will be liable only to replace the defective copy by another copy of this work then available.

जिंदगी तुझसे जो कुछ भी सीखा -

यह किताब तेरे नाम ...

क्रम-सूची

1. तुम्हारा ख़त — 1
2. दिल्ली, बनारस और इश्क़ — 3
3. डर — 5
4. उस पार — 7
5. मिलन — 9
6. चलती का नाम जिंदगी — 11
7. दूसरा पत्र — 13
8. अस्तित्व — 15
9. तीसरा खत — 17
10. लड़ाई — 19
11. किसी के वास्ते — 21
12. दोस्त — 23
13. याद — 25
14. यादें — 27
15. सफ़र — 29
16. थपेड़ — 31
17. गिलहरी — 33
18. वो, गाने और मैं ! — 35
19. मैं और परिवार — 37
20. मुखालिफत — 39
21. देर नही हुई... — 41
22. गज़ल — 43

क्रम-सूची

23. ग़ज़ल　　　　　　　　　　　　　　45

राज दिल के सभी दबाए बैठे हैं,
ज़ख्म अपने सभी छुपाए बैठें हैं,
कहा सौदागर कौन है ज़ख्म का आपके,
जबां ने कहा सरकार आप बैठें हैं।

1

तुम्हारा ख़त

प्रिय ...

" आज वो खत , जो तुमसे पहली वस्ल की रात को लिखा था, वो खत जिसमें में हर एक पल की यादों को पिरोया था वो खत जो तुम्हे कभी मिला ही नहीं , आज उसे घाट किनारे बैठे तुम्हारी ही याद में गंगा में बहा दिया । ये सोचकर की शायद किसी घाट पर बैठी तुम मेरे ही खत का इंतजार कर रही होगी और वह खत तुम्हे मिल जाएगा । खैर तुम ठीक उस बीते वक़्त की तरह हो जो सिर्फ याद आतें हैं लौटकर कभी नहीं आते । उस खत में तुम नहीं थी उस खत में मैं था जो तुमसे मिलने के बाद बन गया था। अब मैं वह नहीं रहना चाहता । यादों के साथ जीने में दुख है । सोचा था की दो दिन की भी सल्तनत मिली तो तुम्हारे नाम के सिक्के चलवा दूंगा। हां शायद पागलपन ही था यह भी। अब तुम नहीं हो तो तुम्हारे ख्वाबों का भी कोई हक नहीं की मेरे साथ रहें। पर मोहब्बत के चुनाव में उम्मीदवार हम आज भी हैं। खैर विडंबना देखो यह भी एक खत ही लिख रहा हूं । जल्द ही इसे भी गंगा में प्रवाह कर दूंगा। ना जाने कितने खत मैंने गंगा को दे दिए हैं ।

तुम्हारा दोस्त

तारीख

2

दिल्ली,बनारस और इश्क़

दिल्ली के कनॉट प्लेस और बनारस के अस्सी घाट पर बैठे जोड़ों में सिर्फ एक अंतर है। दिल्ली के युगलों के संबंध के दिन निश्चित होते हैं । जबकि बनारस के युगल असली में इश्क़ समझते हैं । अस्सी घाट पर इंतजार कर रहे प्रेमी को अपनी प्रेमिका के हाथ का हलवा ही चाहिए होता है , हालांकि की दिल्ली में इस इश्क़ की जगह मैक डी और डोमिनोज़ ने छीन ली है। कहां दिल्ली का मोमोज और कहां बनारस की ठंडाई । सूरज ढलते ही बनारस की सारी सुंदरता घाट पर आ जाती है ,मकसद या तो गंगा आरती या फिर प्रेम, परंतु बनारस में दोनों ही पूज्य है। शहर की लेट नाइट पार्टीज की जगह बनारस के घाटों ने ले ली है जहां युगल एक बार को एक -दूसरे का हाथ पकड़कर जिन्दगी भर का वादा कर ही लेते हैं।

" मोहल्ले का प्यार अक्सर डॉक्टर और इंजीनियर उठाकर ले जाते है, और ये तो फिर बनारस है गुरु, अगर साला इंसान यहां भी हार गया तो कहां जीतेगा?"
- रांझणा मूवी से।

तारीख

3
डर

क्या कर रहें हैं ? किसकी तलाश है ? सुबह और शाम किताबो के बीच बीत जाता है | जो कुछ समय बचता हैं उसमें भी बचने का अफ़सोस लगा रहता है | किसी से कुछ कहना चाहो, तो वो खुद या तो इस जंजाल में है या आपको और उलझा देता है अपनी कामयाबी से | समय हिस्सों में बंट चुका है , अपने हिस्से में एक सेकंड भी नही | एक वक़्त लगता है कोई नही है खुद के सिवा , फिर एक पल लगता है की मैं खुद कुछ नही औरों के सिवा | सब खोने की प्रक्रिया में चल रहें हैं , महज कुछ भी पाना उपलब्धि होगी | किसी की उम्मीद बने रहना बहुत बोझ जैसा जैसा लगता है | उम्मीद डर पैदा करता है , डर बेचैनी और बेचैनी इन्सान से स्थिरता छीन लेती है | चार बाई चार के कमरे में बैठकर इस अस्थिरता को सहना भी अपने आप में उपलब्धि लगती है |

तारीख

4

उस पार

(है ज़िन्दगी कितनी खूबसूरत जिन्हें अभी ये पता नही है...ग़ज़ल चल रही है)

जो लोग उस किनारे पर खड़े हैं, वो मुझे देख रहें हैं। हालाँकि वो इस पार नही आना चाहते पर दूसरी ओर मुझसे उस तरफ आने की अपेक्षा रखतें हैं। अजीब है लेकिन सच भी है की कोई भी इन्सान अपनी जगह नही छोड़ना चाहता किसी और के लिए। रातों को तारे गिनना अकेलेपन की निशानी है, इस प्रक्रिया में सभी बिछड़े लोग याद आ जाते है और नींद भी आ जाती है | हालाँकि चाँद को देखकर ऐसा नही होता , चाँद अक्सर प्रेम के सन्दर्भ में आता है। चाँद तारे सब उपमा है, पर प्रेम इन्ही सबसे खूबसूरत बनता है, वरना प्रेम भी जिस्मानी मात्र रह जाएगा। कुछ दिनों में कई लोगों से पूछा की "मैं तुम्हारा दोस्त हूँ या तुम मेरे दोस्त हो?", सबने बहुत कुछ कहा पर किसी ने वो नही कहा जो मुझे सुनना था। सोचना गलत है पर बिना सोचे भविष्य के लिए सीढियाँ तैयार नही होती। पापा कहतें हैं, "होनहार बिरबा के होत चिकने पात" अर्थात जो पेड़ फल देने वाला होता है उसके पत्ते देखकर ही अंदाज़ा लगाया जा सकता है। दोस्त भी ऐसे ही चुने जाये तो बेहतर है। जब दोस्ती किसी से की जाये तो दुश्मनों की भी राय ली जाये। मुझे चाहने वाले न होते हुए भी साथ है पर जिंदगी भर कोई साथ नही होगा यह सच है। पर हर किसी को किसी एक को चुनना होगा जो जीवन भर साथ चले। इस स्थिति मे कुछ दूर मैं

जाऊँगा कुछ दूर वो आएगा। किसी को किसी के लिए भी कहीं जाने की जरूरत नही।

Enter Caption

5
मिलन

किसी से मिलने के वास्ते खूब सारी तैयारी करना कितना घातक हो सकता है, यह तब पता चलता है जब मिलना ही नही हो पाता है। हालांकि लड़कियों के परिपेक्ष्य में मैं इसे और भी संवेदनशील मामला समझता हूं । उत्सुकता इंसान को कितना कुछ एहसास करा सकती है। मेरी संवेदना उन सभी हृदयों के साथ है जिन्होंने अपने समय का त्याग किसी और के लिए किया है। मेरा व्यक्तिगत मानना है की आप कभी किसी के बुलाए स्थान पर मत जाइए या फिर उसे अपने स्थान पर मत बुलाइए, हो सके तो मिलने का कोई ऐसा स्थान तय करें जिसमें दोनों लोगो को बराबर की मेहनत करनी पड़े। जिससे उत्सुकता दोनों में बराबर बनी रहे। किसी को समय देकर वहां न पहुंचना अव्वल दर्जे की बेवकूफी है। भरोसा बनने में कई दिन लग सकतें हैं, पर टूटने के लिए एक गलती ही काफी है। किसी को अपना समय सोच समझकर दीजिए जिससे बाद में दुख की अनुभूति न हो।

तारीख

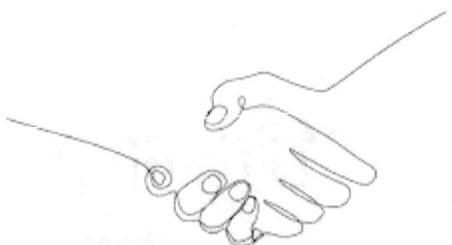

6
चलती का नाम जिंदगी

ज़िन्दगी कितनी तेज़ चलती है.... और पीछे छोड़ जाती है एहसास | अब ज़िन्दगी के उस मोड़ पर खड़ा हूँ जहाँ कुछ भी पाने की लालसा तो है पर पाकर खोने का डर उससे अधिक है | मंजिल की चाह में पाने खोने का सिलसिला तो लगा रहता है पर कुछ ऐसे लोगों को खो देना जिनकी भूमिका एहम है यह प्रलय जैसा लगता है | किसी को स्टेशन पर जाकर रेलगाड़ी से उसे जाते हुए देखना और अलविदा कहना कितना भयावह है और इसकी खबर बिलकुल न होना की आपकी इस इन्सान से आखिरी मुलकात थी | किसी ने कहा था की ' Be valuable not available" कितनी अच्छी बात है पर इतना वैल्युएबल बन जाना की लोग आपको जान ही न पाए कहाँ की अकलमंदी है | कभी कभी आपको पछतावा होता है ,पर अपने किये पर इतनी शर्मिंदगी होती है की आप कहने से भी कतराते हैं | खैर कोशिश रहती है की सबको साथ रखूं | जो नाराज़ हो उसको तो मनाया भी जा सकता है ,लेकिन जो जाने का इरादा कर ले उसे रोकना नही चाहिए |

तारीख

7
दूसरा पत्र

प्रिय ....

आज अमावस्या है और मैं इस घनी रात में दीपक जलाकर यह पत्र लिख रहा हूं , यह उत्सुकता तो बिलकुल नही है लेकिन यादों को लिख देना ही बेहतर समझता हूं। आज फिर किसी ने नही पूछा की क्या कर रहे हो? ना पूछना ही तुम्हारी याद दिला देता है। उस याद में मैं और भी फंसता ही जाता हूं । बढ़ते दिनों के दरमियान यादों का सिलसिला भी बढ़ रहा है। मन करता है की तुम्हारे पते पर चिठ्ठी भेज दूं , पर क्या तुम अभी भी उसी पते पर रहती हो? पर अब सोच रहा हूं की उस चाबी के छल्ले का क्या करूं जो तुम्हारे कमरे से चुराया था । अपने साथ रख लूं ? नही ऐसा करना फिर से जोड़ना हो जायेगा। उसे किसी और को दे दूं? नही इसका हकदार और कोई नही । मैं ही रख लेता हूं क्या पता शायद तुम्हे खोजने पर वो न मिले और गुस्से में ही सही तुम मुझे फोन करो और पूछो छल्ला कहां है? फिर मैं बताता की मेरी अलमारी के तिजोरी की चाभी में लगा हुआ है। पर क्या तुम्हे छल्ले की जरूरत पड़ेगी? मुझे लगता है की एक दिन पड़ेगी।

तुदम्हारा दोस्त

तारीख

8

अस्तित्व

Dear diary,

आजकल उपर घूमता हुआ पंखा, दीवार पर लटकी घड़ी की सुई की टिक टिक की आवाज , मेज़ पड़ी किताबों के पन्नों की पलटने की आवाज़ इन सभी आवाजों से एक अजीब तरह की आहट आती है। ऐसा लगता है मानो मैं शून्य की ओर बढ़ रहा हूं । मुझमें दौड़ रहे कई ख्वाब किसी एक में ख्वाब समाहित हो जाते हैं और उस ख्वाब को समझ पाना मेरे समझ के परे हो जाता है। मेरे सोच में अक्सर भूत की घटनाओं का अफसोस, घृणा, तरस और पछतावा मात्र ही होता है। मैं उन सभी लोगों से शिकायत करना चाहता हूं, उनकी गलती का उन्हे एहसास कराना चाहता हूं ,लेकिन मेरा मन इसकी इजाज़त नहीं देता। मैने अपने आप को सबसे बहुत अलग कर लिया है। इतना की शायद अब जुड़ने की आशा भी न बची हो। पहले याद आती थी ,अब बस खयाल मात्र आता है। वे सभी लोग जो मेरे इस व्यवहार से चिंतित है वो सभी इस बदलाव के दोषी हैं। मैं उन सभी लोगों को अपराधी समझता हूं जिन्होंने सिर्फ मतलब की जिंदगी व्यतीत की है । कभी कभी इस कमरे की आहटो के बीच मेरा अस्तित्व भी मुझे काल्पनिक मात्र लगता है।

तारीख

9
तीसरा खत

प्रिय दोस्त,

एक दिन मैं और तुम बैठकर वो सब कुछ याद करेंगे जो कुछ हमने किया था या जो हमारे साथ हुआ । वो सब कुछ याद करके हंसेंगे, अगर कुछ बुरे पल भी याद आए तो उन्हें भी याद करके थोड़ा उदास हो जायेंगे। सोच रहा हूं काश इस वक्त तुम मेरे बगल में बैठे होते और मुझे यह लिखते हुए देखते और कहते की -क्या लिख रहा है? मैं थोड़ा मुस्कुरा देता । इस वक्त हम साथ नही है पर याद साथ है। आशा है की एक दिन मिलेंगे और यह प्रक्रिया दोहराएंगे। इस वक्त तुम कहीं और मैं कहीं और हूं। साथ न होना मुझे बहुत भयावह लगता है । मानो बसंत आने से पहले ही पेड़ों से पत्तियां झड़ गई हों । इस वक्त जो भी मन में हैं वह सब कुछ तुमसे कहना है , बहुत कुछ है पर सुनने को तुम नही । काश तुम होते तो मंजर कुछ और होता। क्या आखिर में कुछ नही बचता? क्या हम अब कभी नही मिलेंगे? शायद मिलेंगे ! तारों के जहां में ही सही लेकिन मिलेंगे जरूर।

तारीख

Enter Caption

10
लड़ाई

रोज खुद को सुधारने के जद्दो - जेहद में मैं अपने आप को धीरे -धीरे खोता जा रहा हूं। मैं अब ठीक दूसरों की अपेक्षाओं में खरा उतरता नजर आ रहा हूं, यह किस हद तक वाजिब है नही मालूम । मैं इन सभी करतूतों से छुटकारा चाहता हूं पर आखिर कब तक भागा जा सकता है? मेरा लोगों के प्रति व्यवहार उनको दोगला लग सकता है क्योंकि मैं खुद भी महसूस करता हूं। खुद्दारी , गुरूर, सब है मगर मक्कारी का दावा कोई नही कर सकता है । आप सोचते होंगे कि ज्यादा वक्त मैं फालतू बातों पर लगाता हूं। ये सच भी है ।यही प्रवृत्ति है मेरी । मैं ऐसा ही हूं। आप मुझे किसी की तरह बनने का ख्वाब न दिखाएं । मैं उन सभी ख्वाबों को दोगलेपन की निशानी समझता हूं।

तारीख

11
किसी के वास्ते

चंद लम्हों की सांसें गिनते वक्त मैं किसी के वास्ते इतनी दुआ तो कर सकता हूं की उसको मैं पराया नही लगूंगा। किसी के साथ बैठकर उसके मन के उस पार झांककर इतना तो उसे साहस दिला सकता हूं की वह कभी खुद से हारकर आत्महत्या नही करेगा। किसी से कितना लगाव होना चाहिए यह कला मुझे मेरे पूर्वजों से विरासत में मिली होगी।किसी लाचार की हाय लगने से बेहतर है की उसके बदले अपने पीठ पर कोड़े मरवा लेना। दुआओं का प्रचलन प्राचीन युगों से होगा। हालांकि लोग हिस्सों में दुआएं देने लगे हैं। मनुष्य बेहतर जीवन की तलाश में दरबदर फिरता किसी दिन मौत के दरवाजे पर अपना दम तोड़ देगा लेकिन अपना डेरा कहीं नही बसाएगा। मासूम बच्चों को दुआएं देना सिखाना चाहिए, क्योंकि उनमें छल या कपट की भावना नही होती वह निःस्वार्थ भाव से सबको बराबर की दुआएं देंगे। मैं कोशिश में रहता हूं की हमेशा बच्चा ही रहूं।

तारीख

12

दोस्त

मैं अपने चारों तरफ किताबों के ढेर के बीच दोस्तों की यादों को भी रखता हूं। कभी कभी उन किताबों के बदले इन यादों के पन्ने पलट कर देखता हूं और डूब जाता हूं अनंत खयाल में। मैं अपने बचपन की दुनिया में दोस्तों को एहमियत देना कभी नही भूलता। किताबों से हटके कुछ सीख मैने दोस्तों से भी सीखी है। मेरे दोस्त एक अलग किस्म के किताबों में आते हैं जिन्हे पन्ने में जड़ देना काफी नही है। खुले मौसम में तेज हवाएं के बीच उड़ रहे पीपल के पत्ते के भांति मेरे दोस्त ये तो बता देते हैं की उड़ना कितना आसान होता है। दोस्त अक्सर जड़ होते हैं , जब तुम दुनिया के सभी दस्तूरों से थक जाओगे तब तुम चाहोगे की तुम अपनी जड़ों की तरफ़ लौट जाओ। मेरी ख्वाइश है की इन पन्नो की स्याही कभी उड़े नही और वर्तमान में दोस्तों से धरख्वास्त है की इन पन्नो को हसीन लम्हों से रंगते रहें।

तारीख

13
याद

प्रिय दोस्त,

आज कई दिनों बाद अपने आप को लोगों के बीच रखा। पर बीच रखने से इन्सान साथ तो नही हो जाता ना। वो लड़की जो फव्वारे के पानी से थोड़ा थोड़ा भीग रही थी, देखकर अंदाजा लगाया जा सकता था की वह खुश थी। कहीं पर थोड़ा सा बैठकर घांस को छूकर देखा तो लगा की यही कहीं तुमने कभी अपना हाथ रखा होगा। वो लड़का जो पेन बेचने आया था, उससे मैं दो पेन खरीदना चाहता था। ऑटो के पैसे पूरे दे दिए या कहो देने पड़े, तुम होते तो कुछ तो वापस करता ही। सूरज को ढलते देखना कितना कठिन था मत पूछो बस किसी तरह ढल गया। तुम सोच रही होगी मैं ये सब तुम्हे क्यों बता रहा हूं, बस इसलिए की इन पलों में तुम्हे होना था। हालांकि यह सारी बात तुम तक पहुंचेंगी ही नही। इसलिए घबराने की बात तो बिलकुल नही है। कुछ पत्र लिखे ही इसलिए जाते हैं की उन्हे कभी पोस्ट ही न किया जाए। लिखने से बोझ कम हो जाता है।

तुम्हारा दोस्त

तारीख

14
यादें

यादें बनाना बहुत जरूरी है । इतनी जरूरी की अगर कभी किसी की याद आए तो चेहरे पर मुस्कुराहट और आंखों में पानी आ ही जाना चाहिए। इंसान गलती यहीं करता है वह यादें कम बना पता है और सब खत्म होने के बाद पछतावा करता है की इन पलों में उसे यादें बना लेनी चाहिए थीं । कभी कभी पसंद मिलना जरूरी नही , पसंद न मिलना भी जरूरी है ताकि इंसान सामने वाले को महसूस कर सके। इन्सान को इतना तो बेबाक होना चहिए की उसे अपने मन की बात हाजिर करने में संकोच न हो । इससे बातें आसान हो जाती है शायद घुटन भी कम होती होगी ,पर ध्यान रहे सामने वाला इंसान जालिम न हो ,वह आपकी बात को समझते हुए भी नजरंदाज करके आपको दुख पहुंचा सकता है ।

तारीख

15

सफ़र

वो सो रही है, और चाय की आखिरी चुस्की के बाद, मैं यह लिख रहा हूं । मैं कितना खुश हूं इससे ज्यादा महत्वपूर्ण यह है की वह कितनी खुश है? शायद इतनी की कल रात से मुझे जल्दी उठने और न सोते रहने की हिदायत कई बार मिलती रही है। आज से ठीक नौ महीने पहले मैं नई दिल्ली के स्टेशन पर बैठा आज के दिन ही उसे पहला मेल लिख रहा था। समय का पहिया कितना जल्दी घूमता है शायद इतना जल्दी की पहले मेल और ट्रेन की बगल की सीट पर बैठी वह और इन सबके बीच की अवधी क्षणिक लगती है। यह हमारी पहली ट्रिप है, हां थोड़ा समय कम है लेकिन कोई बात नही इस बार समय काट कर अगले ट्रिप की समय में जोड़ दिया जाएगा। कुछ लोग खाने पीने की सामग्री के साथ चक्कर लगा रहे हैं अब क्या करूं एक लोग के लिए लूं या फिर दोनो के लिए? उसको जगा दूं सिर्फ खाने के लिए?नही सोते हुए वो शांत है, उसे शांत रहने दो उठ गई तो मैं यह लिख भी नही पाऊंगा,तो तय रहा की मैं भी कुछ नही खा रहा । बाकी बातें अगली बार लेकिन... हम जा रहें हैं और साथ जा रहें हैं...

तारीख

16
थपेड़

कुछ लोग मर जाते हैं। गुजरते वक्त के अंजुमन में गिरते संभलते अगर बच भी जातें हैं तो किस्मत की थपेड़ से बस जिंदा लाश बनकर रह जातें हैं। एक उम्र लगती है जिसे संवारने में उसे बचाकर रखना बहुत कठिन होता है। हैसीयत की नुमाइश, ढकोसला के समान है। वो कौन लोग हैं जो चिड़िया के पंखों की कारीगरी का मुआयना करते हैं? भला कभी लकीरें मिट सकती हैं? मैं अपने इर्द गिर्द ऐसे ही मरे हुए लोगों की टोली देखता हूं। सभी लिखे जाने वाले हाथ ऐसे लोगों की कब्र पर दस्तख़त कर उनके मरे होने की पुष्टि करेंगे। लोग भूल जायेंगे की लोगों का मर जाना उनको भूल जाना होता है।

तारीख

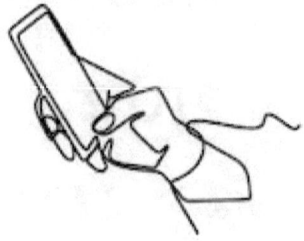

17
गिलहरी

वह मुझसे पूछ रही है की "सुनो अब कभी झगड़ा नहीं करोगे ना?" अब क्या कहूं? की मुझे तुमसे झगड़ा करके सुकून मिलता है? सारा दिन अजीब सी छटपटाहट रहती है कि अब क्या करूं? बात न होने से अधूरापन लगता है। आखिर एक तुम ही तो हो जिससे झगड़ भी सकता हूं और फिर मना भी सकता हूं। झगड़ा तो बहाना समझो, गुस्से में तुम बच्ची हो जाती हो, जो किसी मेले में खिलौने के लिए जिद करती है। उस रूप को जब भी याद करता हूं तो देखने की उत्सुकता के कारण झगड़ लेता हूं। अब ये सब तुम सुनोगी तो मुझे बच्चा समझोगी। चलो कह देता हूं ....अच्छा ! तो जानबूझ के झगड़ा करते हो?......... हां! शायद!..........अब वह फिर बच्ची की तरह मुंह फेरकर नोक झोंक कर रही है लेकिन उसे पता नही अब वह बच्ची(की तरह) भी गिलहरी की बच्ची लग रही है ....

तारीख

18
वो, गाने और मैं !

कुछ बातें जो कही नही जा सकती उसे माध्यमों के द्वारा सरका दिया जाता है और यह सामने वाले पर छोड़ दिया जाता है की वह कितनी गहराई तक जा पाया है। वह अक्सर गाने भेज देती है , ऐसे गाने जिन्हे सुनकर चेहरे पर हंसी खिल जाए, मानो गानों की पंक्तियों ने वही कहा है जो वह सामने होकर कहना चाहती थी बस कहने से कतरती है। यह एक अच्छा तरीका ढूंढ लिया है उसने, शायद वह यह भी देखना चाहती हो की मैं उसे कितना समझता हूं। कितना यह तो नही कहूंगा पर इतना तो जरूर की गानों की भाषा बखूबी समझता हूं। सूफी और अंग्रेजी गानों एक बेहतरीन और उम्दा कलेक्शन हो गया है। गानों से कहीं अधिक वह सब भावनाएं हैं। किसी की भावनाएं झांकनी हो तो उसकी प्लेलिस्ट देख ले। लोगों ने अपनी अधिकतर भावनाओं को गानों में दफन करके उन्हे एक लंबी कतार में कैद कर दिया है। मैं उसे सबकुछ खुद ही बोल देता हूं। गानों की भाषा से अभी दूर ही हूं। ऐसे नीरस और बेखयाली व्यक्ति से वह क्या अपेक्षा रखती होगी? खैर, कभी कभी उसे गजल भेज देता हूं , इस उम्मीद में की शायद मैं भी इस प्रक्रिया का हिस्सेदार बना रहा हूं।।

तारीख

19
मैं और परिवार

बैठे बैठे उदास हो जाता हूं, सोचता हूं घर में क्या चल रहा होगा? इसलिए नहीं की याद आती है , बल्कि इसलिए की हालातों से जूझते मां-बाप के साथ मैं नही हूं। आज घर से कुछ जेब खर्च के लिए पैसे आए हैं, बेशक मां ने भेजे होंगे। शायद इसकी खबर पिताजी को हो भी न लेकिन बिन मांगे भेज दिए गए हैं। कितना दुखद है अपनी आखों के सामने सब कुछ बुरा होते देखना। संघर्ष कहकर बात टाल देना, बेवकूफी लगती है। परिवार की रोटी बांटकर संघर्ष करना, मेरी सोच से गिरी हुई हरकत होगी। जाहिर सी बात है मां ने यह पैसे किसी खर्च से काट कर भेजे होंगे। इन रुपयों को देखकर मुझे रोना आता है, इतना रोना की शायद मुझे अपने किए पर पछतावा हो की मैं उन बूढ़े मां बाप को अपने लिए संघर्ष करते हुए देख रहा हूं। पिताजी के शौक मैं नही जानता, उन्हें क्या पसंद है क्या नही, इसकी जानकारी मुझे नही है क्योंकि उन्होंने कभी अपनी बात रखी नही। अपनी ख्वाइश जाहिर नही की। बुलंदियां हासिल करना अपने आप में गर्व की बात है लेकिन किसी और की जिंदगी को दबाकर अपने ऊंचाइयों पर इतराना ढोंग है। मुझे ऐसे पढ़ाई पर घिन आती है की किसी और के दुखों के सहारे शिक्षा मिल रही है। मैं अपनी बात शब्दों में कह नहीं पा रहा। मेरी वजह से किसी और को लाचार देखना यह मुझे गवारा नहीं। मध्यम वर्गीय परिवार के सपने मध्यम ही हों तो बेहतर है, वरना सपनो में समस्या नही लेकिन उसकी बुलंदियां छूते छूते आप पस्त हो जायेंगे।

तारीख

20

मुखालिफत

किसी रात खाली सड़कों पर बैठकर, गुजरती हुई लारियों को देखकर यह सोचूंगा की किसी का गुजर जाना भी ऐसा ही होता है। अपने खयाल के सबसे बेशकीमती कोने में मैंने जिसे जगह दी वो किसी और के ख्वाइश की मोतियां चुनता है । वो अजीज जिसे मैने अपनी दुनिया अदा की वो मेरे संग एक दूसरी जिंदगी जीता है। वो कहता है की मुझसे वह इतना खुश है की वह किसी और के दरमियां नही होता मगर वही शख्स हमारे बीच पर्दा रखता है। वह खुश है इस बात से मैं खुश हूं मगर खुश होना भी खुद से पर्दा करना है। उसे अगर दुख ही देना है तो मुझसे कहता क्यों नही?कह दे की मेरी जिन्दगी में बर्बादियों की लहर लाएगा तो मैं कहीं दूर किसी पहाड़ के नीचे बहती नदी के तले में जाकर छुप जाऊंगा मगर उससे कभी मुखालिफत नही करूंगा। वो मिले तो उससे कहना की मैं मरते दम तक सभी रस्मों के बंधन में बंधकर उससे राब्ता करूंगा,कभी उसे मन करे तो मुझे शुक्रिया अदा कर वह अपना बोझ हल्का कर सकता है, मुआफ करने के रिवाज से में उसे मुक्त करता हूं वह मुझसे बिछड़कर भी मरे तो उसे जन्नत के सिवा कुछ नही मिलेगा।

तारीख

21
देर नही हुई...

ग्रेजुएशन में चंद महीने बचे हैं और लगता है मानो जिंदगी के सभी मसले एक साथ आकर मेरे सामने गिर गए हैं। खुद के झंझावातों के लड़ने के क्रम में अनेकों प्रकार की समस्याएं घर कर रही हैं। कुछ लोगों को पास किया था की इनका साथ लूंगा लेकिन यह सभी सब महज़ एक रिश्ते तक सीमित है। रिश्तों की कोई गारंटी नहीं की आपकी मदद करेंगे या नही। खैर, रात के 12 बजे इस बस स्टॉप पर लेटकर, यह लिखते हुए सोच रहा हूं की इन सब से कैसे लड़ना है। अकेला ही लड़ना होता है , कर लेंगे यह भी। किसी ने कहा है की जो हर किसी के होते हैं वो किसी के नही होते। मैं ऐसे लोगों को जानता हूं और विडंबना यह है की मैं भी वही इंसान हूं। अब बेकार बैठे यही सब सोच रहा हूं। यह समझना बहुत जरूरी है की जिनकी फिक्र मैं कर रहा हूं, उनको मुझसे कोई लेना देना नही है। यहां सब अपने फायदे के कोने को पकड़े हुए खड़े हैं। जिसे लगेगा की यह मेरे किसी काम नही आ सकता उसे फेंक देंगे किसी कोने में। अब इन सब बातों में कुछ नही रखा हैं। इतनी देर भी नही हुई की नई शुरुआत न कर सकूं।

तारीख

22

ग़ज़ल

खुद से तो तुम तक हम सफर मानते हैं,
तो क्या करें ,जो अब तुम्हे हमसफर मानते हैं।

जो रफ्ता - रफ्ता निकाला है तुमने हमें,
इसे तो लोग तुम्हारा कहर मानते हैं।

हम गलियों में अब चुरा लेते हैं सबसे,
कुछ लोग इसे तुम्हारी ही नजर मानते हैं।

हुई खता कि जो मुड़कर न देखा तुमने,
अब क्या करें की लोग इसे भी ज़हर मानते हैं।

हमने तो लिखा था जो बीती हमपर,
जाहिल लोग तो इसे बहर मानते हैं।

तारीख

23

ग़ज़ल

उठाता हूं कलम तो रुक जातें हैं हाथ मरियम,
जो कहनी थी दबी है जबां पे वो बात मरियम,
   एक यही गम -ए – खबर जो तुझे दे ना सका मैं,
जा नही बताता की चाहता था तेरा वो साथ मरियम,
   मिटा रहा हूं हयात से मैं नक्श शिद्दत से कितनी,
जो तुझे सोचने पर गुजरी मेरी वो रात मरियम,
   तू भी है उदास तो पूछ ले तेरे यार का हाल,
आएगी हंसी बहुत तुझे मेरे हालात पर मरियम,
   तुझे रोक न सका, है सच की यह बुझदिली है मेरी,
तू ठीक ही पूछती थी वो सवाल मेरे औकात पर मरियम,
   न दरिया में न साहिल, न पहुंच सका तुझ तक कभी ,
लुटाता रहा जो प्यार हरदम सभी खैरात में मरियम।
   तू न सोच की मेरी जीने की ख्वाइश मर गई,
हां हां.. मैं खुश हूं तेरी हर फरहात से मरियम।

तारीख

तुम बहुत अच्छे हो,
इतने अच्छे की,
उठा ली है लाश,
तुमने अपने सिर पर,
पर क्या फायदा?
कुछ नहीं मिलेगा अब,
सिर्फ देह बच गई है,
जो अब बोझ है,
तुम थक जाओगे,
और फेक दोगे कहीं भी,
बेहतर है कि मत उठाओ,
अपने मोह को मुक्ति दे दो,
देह जला दो........

www.ingramcontent.com/pod-product-compliance
Lightning Source LLC
LaVergne TN
LVHW041555070526
838199LV00046B/1982
* 9 7 9 8 8 8 6 8 4 7 9 9 4 *